AF459989

Se trouve aussi

CHEZ

AGASSE, Libraire, rue des Poitevins;

CHARON, Libraire, passage Feydeau;

GARNERY, Libraire, rue de Seine, faubourg Saint-Germain, n.° 1403;

RONDONNEAU, Libraire, place du Carrousel;

A VERSAILLES,

LEBLANC, Imprimeur-Libraire, place d'Armes, n.° 1.er

CODE MONÉTAIRE.

CODE MONÉTAIRE,

OU

RECUEIL COMPLET

DES LOIS, ARRÊTÉS

ET LETTRES MINISTÉRIELLES

SUR LA FABRICATION ET LA VÉRIFICATION

DES MONNAIES,

Avec les Tarifs du prix auquel doivent être payés au change les Louis ou Écus de six liv. *rognés ou altérés; — celui des frais d'affinage qui seront perçus au change des monnaies, sur les espèces et matières d'or et d'argent d'un titre inférieur à celui des nouvelles espèces; — ceux du prix auquel doivent être payés au change les espèces de France, les espèces étrangères et autres monnaies d'or et d'argent; — celui des espèces d'or et d'argent, etc., qui ont cours dans la 27.e Division militaire; — une Table pour convertir les sous et den. en décimes et centimes; — celle de la valeur des francs en livres tournois, et le Tableau comparatif de la différence entre la livre tournois et celle du franc:*

A L'USAGE DE TOUS LES RECEVEURS, DES CAISSIERS, AGENS DE CHANGE ET NÉGOCIANS.

BIBLIOTHÈQUE ... IMPÉR...

A PARIS,

CHEZ LEBLANC, Imprimeur-Libraire, place et maison Abbatiale Saint-Germain-des-Prés, n.o 1121.

AN XII — 1803.

Deux Exemplaires de cet Ouvrage sont déposés à la Bibliothèque nationale. Les Lois nous en garantissant la propriété exclusive, nous traduirons devant les Tribunaux les contrefacteurs, distributeurs ou débitans d'éditions contrefaites; et nous assurons à la personne qui nous les fera connaître, la moitié du dédommagement accordé par la Loi du 19 juillet 1793.

AVERTISSEMENT.

Un Recueil des Lois sur les Monnaies avait sans doute été jugé utile pour tous ceux qui ont un maniement d'espèces ; mais c'est sur-tout lorsque les pièces sans empreinte sont retirées de la circulation, et aux approches d'une refonte générale, que cet ouvrage devient nécessaire pour eux et intéressant pour tout le monde.

Il a été imprimé plusieurs tarifs pour le change des Monnaies, mais ces calculs isolés des Lois qui en font la bâse, ne peuvent pas toujours suffire pour faire une opération avec connaissance de cause.

D'ailleurs les variations qui ont eu lieu dans les signes monétaires depuis la révolution, font, pour ainsi dire, l'objet d'une histoire, et notre table alphabétique des matières la présente en abrégé.

Nous nous sommes bornés absolument à ne rapporter que les Lois relatives aux espèces monnoyées, parce que celles qui concernent l'administration en général sont connnues officiellement par ceux qu'elles regardent seuls, soit pour les observer, soit pour en surveiller l'exécution, et par la même raison, nous avons retranché aussi les articles qui n'avaient rapport qu'à la comptabilité, ou au travail de la fabrication.

TABLE CHRONOLOGIQUE.

11 *Janv.* 1791. *sanct.é le* 19.	DÉCRET concernant une fabrication de petite monnaie.
9 *Avril....idem....le* 15.	— relatif aux empreintes des monnaies.
17 *Mai.....idem....le* 20.	— relatif à la fabrication d'une monnaie de cuivre.
20 *idem....idem....le* 22.	— relatif à la fabrication d'une monnaie de cuivre avec les anciens coins.
11 *Juillet...idem....le* 28.	— relatif à la fabrication de la menue monnaie d'argent de 30 et de 15 sous.
3 *Août....idem....le* 6.	— relatif à la fabrication d'une menue monnaie avec le métal des cloches.
14 *idem....idem....le* 18.	— relatif aux titres des espèces de 15 et de 30 sols.
24 *et* 25 *Février* 1792. *sanctionné le* 27.	— relatif aux fabricateurs et distributeurs de faux assignats et de fausse monnaie.
29 *Mai* 1792. *santcionné le* 6 *Juin.*	— relatif à la fabrication des monnaies de cuivre.
22 *Juill.* 1792. *sanct.é le* 25.	— qui autorise l'addition faite du *Bonnet de la Liberté* au type des écus de 6 liv., et ordonne qu'elle sera appliquée à celui des écus de 3 liv.
7 *Août....idem....le* 16.	— relatif à la fabrication de la monnaie de cuivre ou de bronze.
25 *idem....idem....le* 31.	— qui autorise les artistes de Lyon à fabriquer, pour le compte de la nation, des espèces de bronze.
2 *Septemb. idem....le* 3.	— relatif aux poinçons pour la fabrication des pièces de 3 et 6 den., 12 et 24 deniers.

3 *Sept.* 1792. *sanct.*[e] *le* 20.	Décret qui défend à tous particuliers de fabriquer, ou faire fabriquer des monnaies de métal, telles que médailles de confiance, ou autres généralement quelconques.
18 *idem*..................	— relatif à la fabrication des pièces monnoyées de 2 et 4 sous.
6 *Février* 1793..........	— concernant l'empreinte des monnaies d'or et d'argent.
28 *Avril*...............	— concernant les empreintes des monnaies de cuivre et de bronze de la République.
24 *Août*................	— qui ordonne une fabrication de petite monnaie.
12 *Septembre*............	— qui ordonne la fabrication de pièces de cinq décimes en bronze.
16 *Vendémiaire an* 2.....	— sur le millésime des monnaies.
Idem....................	— concernant le titre, le poids et la fabrication des monnaies.
28 *Brumaire*.............	— additionnel à celui sur l'empreinte des monnaies.
2 *Frimaire*..............	— portant que les fabricateurs de fausse monnaie étrangère seront punis de la même peine que les fabricateurs de fausse monnaie nationale.
17 *idem*.................	Loi sur l'établissement de la comptabilité en livres, décimes et cent.
28 *Germinal an* 3........	— qui ordonne la fabrication de cent cinquante millions de monnaie de cuivre.
19 *Prairial*.............	— portant que les sous d'ancienne fabrication, continueront provisoirement d'avoir cours.
28 *Thermidor an* 3.......	— relative à la fabrication des pièces d'or.
28 *Thermidor an* 3....... 28 *Vendémiaire an* 4.....	Lois relatives à la fabrication de la monnaie d'argent et de la petite monnaie.

Fin de la Table chronologique.

CODE

CODE
MONÉTAIRE.

Décret concernant une fabrication de petite monnaie.

Du 11 Janvier 1791, sanctionné le 19 du même mois.

ART. I.er IL sera incessamment fabriqué une menue monnaie d'argent, jusqu'à concurrence de quinze millions de livres.

II. Cette fabrication sera faite au titre actuel des écus, et avec les mêmes remèdes.

III. Cette monnaie sera divisée en pièces de trente sous et de quinze sous, et il en sera fait pour sept millions cinq cent mille livres de chaque espèce.

IV. La valeur de chaque pièce sera exprimée sur l'empreinte.

V. L'Assemblée nationale invite les artistes à proposer le modèle d'une nouvelle empreinte, et elle charge son comité des monnaies de lui rendre compte de leur travail dans la quinzaine.

VI. Il lui présentera, dans le même délai, ses vues sur la légende qu'il convient de substituer aux anciennes, et sur les moyens d'éviter les abus qui pourraient s'introduire dans cette fabrication.

VII. Les divisions actuelles de l'écu en menue monnaie d'argent, et la monnaie de billon, qui existent dans la circulation, continueront d'avoir cours comme par le passé, jusqu'à ce qu'il soit autrement ordonné; mais il n'en pourra être fabriqué d'autres.

VIII. Il sera fabriqué de la monnaie de cuivre de douze, six et trois deniers; elle ne pourra être frappée sur des flans de métal laminés et taillés dans les pays étrangers.

IX. Il en sera incessamment fabriqué pour un million, ensuite pour cent mille livres par mois; et la fabrication sera continuée ou suspendue par le décret de l'Assemblée nationale, suivant les besoins de chaque Département.

X. Les pièces de douze deniers seront faites à la taille de vingt au marc, celles de six et trois deniers, dans la même proportion.

XI. Un quart de cette fabrication sera en pièces de douze deniers, un quart en pièces de six, et la moitié en pièces de huit deniers.

XII. Elle sera faite avec de nouveaux coins, dont le modèle sera incessamment décrété par l'Assemblée nationale; toute fabrication de monnaie de cuivre avec les anciens, cessera dans toutes les monnaies du royaume, aussitôt que les nouveaux pourront être employés. Les anciens seront brisés en présence de la Municipalité, qui en dressera procès-verbal, qu'elle adressera sans délai au Ministre des finances.

Décret relatif aux empreintes des monnaies.

Du 9 Avril 1791, sanctionné le 15 du même mois.

ART. I.er L'effigie du Roi sera empreinte sur toutes les monnaies du royaume, avec la légende : Louis XVI, Roi des Français.

II. Le revers de la monnaie d'or, des écus et demi-écus, aura pour empreinte le génie de la France debout devant un autel, et gravant sur des tables le mot *Constitution*, avec le sceptre de la raison, désigné par un œil ouvert à son extrémité; il y aura à côté de l'autel un coq, symbole de la vigilance, et un faisceau, emblême de l'union et de la force armée.

III. Le revers portera pour légende ces mots : *règne de la Loi.*

IV. Il sera gravé sur la tranche : *la Nation, la Loi et le Roi.*

V. Les pièces de trente et de quinze sous porteront les mêmes empreintes et la même légende, à l'exception du coq et du faisceau.

VI. La monnaie de cuivre portera la même effigie du Roi, et la même légende; le revers seul sera différent.

VII. L'empreinte du revers sera un faisceau traversé par une pique, surmontée du bonnet de la liberté; autour une couronne de chêne, avec la légende : la Nation, la Loi et le Roi.

VIII Sur toutes les monnaies, le millésime sera en chiffres arabes, suivi de l'année de la liberté.

IX. Il sera, sans délai, procédé à la formation des nouveaux coins et matrices.

Décret relatif à la fabrication d'une monnaie de cuivre.

Du 17 Mai 1791, sanctionné le 20 du même mois.

ART. I.er Le Roi sera prié de donner les ordres les plus prompts pour faire fabriquer dans les différens hôtels des monnaies, la quantité de monnaie de cuivre suffisante pour satisfaire aux besoins du royaume, et faciliter l'échange des petits assignats.

II Cette fabrication se fera à la taille décrétée le 11 Janvier de cette année, avec les empreintes qui sont en usage, jusqu'à ce que celles qui ont été décrétées le 9 Avril dernier, soient en état de servir.

Décret relatif à la fabrication des monnaies de cuivre avec les anciens coins.

Du 20 Mai 1791, sanctionné le 22 du même mois.

L'ASSEMBLÉE nationale décrète que le Roi sera prié de donner des ordres pour faire monnayer immédiatement, avec les anciens coins, les flans existans actuellement dans les divers hôtels des monnaies et manufactures du royaume.

Décret relatif à la fabrication de la menue monnaie d'argent de trente et de quinze sous.

Du 11 Juillet 1791, sanctionné le 28 du même mois.

ART. I.er Conformément au décret du 11 Janvier, les pièces de trente sous contiendront en grain de fin la moitié de l'écu; celles de quinze sous, le quart de l'écu.

II. Néanmoins, chacune desdites pièces sera alliée dans la proportion de huit deniers d'argent fin, avec quatre deniers de cuivre.

V. Toute personne qui apportera à la monnaie, des matières d'argent, recevra, sans aucune retenue, la même quantité de grains de fin en monnaie fabriquée.

Décret relatif à la fabrication d'une menue monnaie avec le métal des cloches.

Du 3 août 1791, sanctionné le 6 du même mois.

ART. I.er La fabrication d'une menue monnaie avec le métal des cloches, aura lieu, sans délai, dans tous les hôtels des monnaies du royaume.

II. Le métal des cloches sera allié à une portion égale de cuivre pur, et les flans qui en proviendront seront frappés.

III. Cette monnaie sera divisée en pièces de deux sous, à la taille de dix au marc; en pièces d'un sou, à celle de vingt au marc; et en pièces de demi-sou, à celle de quarante au marc.

Décret relatif aux titres des espèces de quinze sous et de trente sous.

Du 14 août 1791, sanctionné le 18 du même mois.

ART. I.er Les titres des espèces de quinze et de trente sous, étant déterminés à huit deniers par la loi du 11 Juillet, les fontes des directeurs pourront néanmoins ne se trouver alliées qu'à sept deniers vingt-deux vingt-quatrièmes; et ceux dont le travail se trouverait au-dessous de ce titre, seront condamnés aux peines contenues en l'art. 15 du titre 5 de la loi des 19 et 21 Mai.

II. Le remède de poids des pièces de trente sous sera de vingt-quatre grains au marc, et celui des pièces de quinze sous, de trente-six grains au marc.

Décret relatif aux fabricateurs et distributeurs de faux assignats et de fausse monnaie.

Des 24 et 25 Février 1792, sanctionné le 27 du même mois.

Art. VII. Il sera accordé au dénonciateur d'un délit de fabrication ou distribution de faux assignats ou fausse monnaie, dont les auteurs auront été déclarés convaincus, une récompense qui sera fixée par un décret du corps législatif, pour service important rendu à la patrie.

VIII. Le dénonciateur ne pourra jamais être entendu comme témoin dans la procédure.

IX. Si un particulier, complice d'une fabrication de faux assignats ou de fausse monnaie, vient le premier la dénoncer, il sera exempt de la peine qu'il a encourue.

X. Si le même particulier procure l'arrestation de faussaires et la saisie des matières et instrumens de faux, il recevra en outre une somme d'argent.

XI. Si, après qu'une fabrication de faux assignats ou de fausse monnaie aura été dénoncée, l'un des complices procure, de son propre mouvement, l'arrestation des faussaires, et la saisie des matières et instrumens de faux, il sera exempt de la peine qu'il a encourue.

XII. Les dispositions des trois articles précédens auront lieu à l'égard des complices de fabrication de faux assignats ou de fausse monnaie, entreprise hors du royaume, qui la dénonceraient, soit aux autorités constituées en France, soit à ses agens politiques dans les cours étrangères, ou qui procureraient l'arrestation des faussaires, et la saisie des matières et instrumens de faux.

Décret relatif à la fabrication des monnaies de cuivre.

Du 29 Mai 1792, sanctionné le 6 Juin.

L'Assemblée nationale décrète que les espèces de cuivre seront dispensées de la formalité de l'art. VIII de la loi du 8 septembre 1791, et monnayées sans distinction des sémestres où elles auront été fabriquées.

Décret qui autorise l'addition faite du bonnet de la liberté au type des écus de six livres, et ordonne qu'elle sera appliquée à celui des écus de trois livres.

Du 22 Juillet 1792, sanctionné le 25 du même mois.

L'Assemblée nationale décrète qu'elle autorise l'addition qui a été faite du bonnet de la liberté au type des écus de six livres, et que la même addition sera appliquée à celui des écus de trois livres; qu'en conséquence, la commission des monnaies fera, dans les différens hôtels des monnaies, l'envoi des poinçons et matrices préparés pour l'écu de trois livres.

Décret relatif à la fabrication de la monnaie de cuivre ou de bronze.

Du 7 Août 1792, sanctionné le 16 du même mois.

Art. II. A dater de la publication du présent décret, il ne pourra plus être fabriqué de monnaie de cuivre ou de bronze, dans laquelle le cuivre excède la proportion du quart du poids des matières employées. On pourra néanmoins continuer d'employer le cuivre du Perrou dans les proportions ci-devant déterminées.

Décret qui autorise les artistes de Lyon à fabriquer, pour le compte de la nation, des espèces de bronze.

Du 25 Août 1792, sanctionné le 31 du même mois.

Art. I.er Les sieurs Mercier, Mathieu, Mouserde, et autres artisans réunis de la ville de Lyon, sont autorisés à fabriquer, pour le compte de la nation, des espèces de bronze, aux prix et conditions qui seront déterminés par le Pouvoir exécutif.

II. Lesdites espèces seront divisées en pièces de cinq sous et de trois sous.

III. Celles de cinq sous seront à la taille de six au marc, et celles de trois sous à la taille de dix au marc.

IV. Les unes et les autres représenteront d'un côté le buste de la liberté, sous les traits d'une femme aux cheveux épars, ayant à côté d'elle une pique surmontée d'un bonnet; la légende renfermera ces mots: *Egalité, Liberté.*

V. Le revers représentera une couronne de chêne dans laquelle sera inscrite la désignation de la somme représentée par chaque pièce.

VI. La date de l'ère de la liberté sera placée du côté de la tête, et le millésime du côté du revers.

XV. Les empreintes des pièces de six deniers et de trois deniers, qui doivent être mises incessamment en émission, seront conformes à ce qui est prescrit par les articles IV, V et VI du présent décret.

Décret relatif aux poinçons pour la fabrique des pièces de trois et six deniers.

Du 2 Septembre 1792, sanctionné le 3 du même mois.

ART. I.er La commission générale des monnaies fera, sans délai, travailler à la préparation des nouveaux poinçons pour la fabrication des pièces de trois et six deniers, en se conformant au type décrété le 25 août dernier pour les pièces de trois et de cinq sous.

II. La monnaie de trois et de six deniers pourra être faite avec le même alliage de bronze, de cloches et de cuivre que la monnaie des pièces de deux et de un sou.

III. Les directeurs des monnaies et les entrepreneurs des flans, sont autorisés à employer le cuivre jaune dans la fabrication des flans, dans la proportion de huit parties de bronze de cloches, de trois parties de cuivre rouge pur, et d'une partie de cuivre jaune.

IV. Les pièces de trois, six, douze et vingt-quatre deniers seront fabriquées à l'avenir au remède suivant: les pièces de deux sous, au remède d'une demi-pièce par marc; celle de un sou, au remède d'une pièce; celles de six deniers, au remède de deux pièces; et celles de trois deniers, au remède de quatre pièces.

Décret qui défend à tous particuliers de fabriquer ou faire fabriquer des monnaies de métal, telles que médailles de confiance ou autres généralement quelconques.

Du 3 Septembre 1792, sanctionné le 20 du même mois.

ART. I.er Il est expressément défendu à tous particuliers de fabriquer ou faire fabriquer, directement ou indirectement, d'introduire et de faire circuler dans le royaume, des monnaies de métal, sous quelque forme ou dénomination que ce soit, telles que médailles de confiance ou autres généralement quelconques, à peine d'être puni de quinze années de fer, et de la confiscation desdites monnaies.

II. Les particuliers qui ont émis de telles monnaies, les retireront de la circulation dans le délai d'un mois, à compter du jour de la promulgation du présent décret, et les échangeront au pair contre des assignats, à bureau ouvert.

Décret relatif à la fabrication des pièces monnayées de deux et quatre sous.

Du 18 Septembre 1792.

Les espéces dont la fabrication a été ordonnée par le décret du 25 août, seront frappées en pièces de deux sous et de quatre sous.

Celles de deux sous seront à la taille de dix au marc, et celle de quatre sous à la taille de cinq au marc.

Le prix de la fabrication demeure fixé à huit sous le marc.

Décret concernant l'empreinte des monnaies d'or et d'argent.

Du 6 Février 1793.

ART. I.er Les monnaies d'or et d'argent de la république française porteront pour empreinte une couronne de branche de chêne; la légende sera composée des mots: *République française*, avec désignation de l'année en chiffres romains. La valeur de la pièce sera inscrite au milieu de la couronne.

II. Le type adopté par le décret d'avril 1791, sera conservé sur le revers des monnaies. Le faisceau, symbole de l'union, surmonté du bonnet de la liberté; le coq, symbole de la vigilance, continueront d'être placés des deux côtés du type. La légende sera composée des mots : *régne de la Loi.* L'exergue contiendra le millésime de l'année en chiffres arabes.

III. Le cordon des pièces de six livres sera inscrit de deux mots : *Liberté, Egalité.* Les pièces de vingt-quatre livres continueront d'être marquées d'un simple cordon.

IV. Il ne sera fabriqué provisoirement que des pièces de six livres en argent, et des pièces de vingt-quatre livres en or.

Décret concernant les empreintes des monnaies de cuivre et de bronze de la république.

Du 28 Avril 1793.

Art. I.er Les monnaies de cuivre et de bronze de la république française porteront pour empreinte une table sur laquelle seront inscrits ces mots : *Les hommes sont égaux devant la Loi.* Au-dessus de cette table sera gravé un œil rayonnant : aux deux côtés seront gravés une grappe de raisin et une gerbe de bled. La légende sera composée des deux mots : *République française.* L'exergue désignera l'année de la république en chiffres romains.

II. Le revers de la pièce portera pour empreinte une balance dont les deux bassins sont en équilibre, jointe à une couronne civique surmontée du bonnet de la liberté. La valeur de la pièce sera gravée dans le milieu de la couronne. La légende sera composée des deux mots : *Liberté*, *Egalité*. L'exergue contiendra le millésime de l'année en chiffres arabes.

Décret qui ordonne une fabrication de petite monnaie.

Du 24 Août 1793.

ART. I.er Il sera incessamment fabriqué une petite monnaie résultante d'un mélange de cuivre et de métal de cloches, pour remplacer les pièces de deux sous, d'un sou, de six et de trois deniers, qui sont aujourd'hui en circulation.

II. La livre numéraire sera divisée en dix parties appelées décimes.

III. Le décime sera divisé en dix parties ; chacune de ces parties portera le nom de centime.

IV. Il sera fabriqué des pièces d'un décime, de cinq centimes et d'un centime.

V. Deux dixièmes de la fabrication en poids, seront en pièces d'un centime ;

Quatre dixièmes en pièces de cinq centimes ;

Quatre dixièmes en pièces d'un décime.

VI. Les pièces d'un décime seront à la taille de cent par grave : le remède sera de quatre pièces par grave.

Les pièces de cinq centimes seront à la taille de deux cents par graves: le remède sera de huit pièces par grave.

Les pièces d'un centime seront à la taille de mille pièces par grave : le remède sera de quarante pièces par grave.

VII. Le remède sera évalué, moitié en dedans, moitié en dehors du terme fixé par la loi.

VIII. Les pièces d'un décime auront, pour empreinte, la France assise sur un globe, appuyée sur la table de la loi, tenant d'une main la baguette *vindetta*, surmontée du bonnet de la liberté ; et de l'autre main, le niveau, avec la légende : *Liberté*, *Egalité*.

Au-dessous sera exprimée l'ère de la république, avec le différent du directeur.

Le revers de la pièce représentera deux branches : l'une de chêne, l'autre d'olivier ; au milieu sera exprimée la valeur de la pièce; la légende sera : *République française;* et au-dessous, le différent du graveur.

Les pièces d'un et de cinq centimes auront pour empreinte le bonnet de la liberté, avec cette légende : *Eg.... Lib....*, initiales des mots liberté, égalité, et l'an de l'ère de la république, avec le différent du directeur. Le revers de la pièce exprimera sa valeur, avec le différent du graveur.

IX. La fabrication de monnaie de cuivre ou de bronze aux anciens coins, cessera dans tous les hôtels des monnaies de la république, aussitôt que les nouveaux coins pourront être employés ; les anciens coins seront brisés en présence de deux commissaires de la municipalité du lieu ; ils en dresseront procès-verbal, qu'ils adresseront, sans délai, à la commission générale des monnaies.

Décret qui ordonne la fabrication de pièces de cinq décimes en bronze.

Du 12 Septembre 1793.

Art. I.er Indépendamment des pièces d'un décime, de cinq centimes, et d'un centime, dont la fabrication a été décrétée le 24 août dernier, il sera fabriqué en bronze des pièces de cinq décimes, en nombre suffisant pour satisfaire aux échanges de petite valeur.

II. Ces pièces seront à la taille de quarante par grave.

III. Le remède sera de deux pièces par grave ; il sera évalué moitié en dedans, moitié en dehors du terme fixé par l'article précédent.

IV. Chaque pièce aura pour empreinte la nature assise, faisant jaillir de son sein l'eau de la régénération. Le président de la Convention y est représenté offrant une coupe aux envoyés des Assemblées primaires. Au-dessous seront inscrits les mots 10 *Août* 1792.

La légende est : *Régénération française.* Au bas est exprimé le différent du directeur.

Le revers de la pièce représente deux branches, l'une de chêne, l'autre d'olivier ; au milieu est exprimée la valeur de la pièce, et au-dessous l'ère de la République, avec le différent du graveur.

La légende est : *République française.*

Sur la tranche seront gravés en creux les mots *Egalité, Liberté, Indivisibilité.*

Article additionnel au décret du 24 Août. Le revers des pièces de cinq centimes, dont la fabrication a été décrétée le 24 Août dernier, aura pour légende les mots entiers, *Egalité, Liberté.*

Décret sur le millésime des monnaies.

Du 16 Vendémiaire an II.

ART. III. Le millésime des monnaies de la république, ainsi que celui de la médaille consacrée à perpétuer le souvenir de l'acceptation de l'acte constitutionnel, sera conforme au nouveau calendrier décrété le 14 du premier mois.

Décret concernant le titre, le poids et la fabrication des monnaies.

Du 16 Vendémiaire an II.

TITRE PREMIER.

Du titre et du poids des pièces de monnaie.

ART. I.er Le titre et le poids des monnaies seront indiqués, comme les autres valeurs, par les dénominations numériques du calcul décimal.

II. La monnaie d'argent et la monnaie d'or de la république, seront au titre de neuf parties de métal pur, et d'une partie d'alliage.

III. L'unité principale des nouvelles monnaies, soit d'argent, soit d'or, sera la centième partie du grave.

IV. Les frais de fabrication qui seront retenus sur la monnaie, seront réduits à un centième du poids de l'argent, et à un trois centième du poids de l'or.

V. Ces frais seront perçus sur les monnaies étrangères, et sur les lingots qui seront convertis en monnaie de France.

VI. Les anciennes monnaies de France, apportées au change seront exemptes de ce droit; mais elles pourront être changées contre une quantité de fin égale à celle qu'elles contiennent. Le titre des pièces d'argent, à l'exception de celles de quinze et de trente sous, décrétées par l'assemblée constituante, sera évalué à raison de dix deniers vingt-un grains : celui des pièces de quinze et de trente sous, fabriquées depuis 1791, à raison de sept deniers vingt-deux grains. Le titre des pièces d'or, fabriquées avant 1786, sera évalué à raison de vingt-un karats dix-sept trente-deuxièmes; et celui des fabrications postérieures, à raison de vingt-un karats vingt-un trente-deuxièmes. Les unes et les autres ne seront reçues que pour leur poids effectif.

TITRE II.

De la fabrication et des empreintes.

ART. III. Les pièces d'argent seront fabriquées avec un poids de tolérance d'un deux centième en dedans et d'un deux centième en dehors du poids fixé par la loi. Pour les pièces d'or, le poids de tolérance sera d'un quatre centième en dedans et d'un quatre centième en dehors.

IV. l'approximation du titre qui est toléré pour l'or, est de six millièmes, dont la moitié en dedans et la moitié en dehors du titre fixé par la loi.

V. L'approximation du titre, qui est fixé pour l'argent, est de douze millièmes, dont la moitié en dedans et la moitié en dehors du titre fixé par la loi.

VI. Seront substituées aux pièces d'argent et d'or qui servent actuellement de monnaie :

1.° Une pièce d'argent au nouveau titre et du centième du grave: cette pièce sera appelée *Républicaine.*

2.° Une pièce d'un poids quintuple de la précédente, et qui aura le nom de *cinq Républicaine.*

3.° Une pièce d'or au nouveau titre et du centième du grave: cette pièce sera appelée *Franc d'or.*

VII. Les nouvelles monnaies auront pour type le sceau de l'état, avec la légende: *Le peuple seul est souverain.*

VIII. Sur la tranche des pièces d'argent, seront gravés en creux ces mots: *Garantie nationale ;* et sur la tranche de celles d'or, sera gravé en relief un simple cordonnet.

IX. L'année de l'ère de la république sera exprimée en chiffres arabes, au-dessous des légendes, en forme d'exergue.

X. Sur le revers de ces trois pièces, seront gravées deux branches, une de chêne et l'autre d'olivier, enlacées. Au centre on lira le nom et le poids de la pièce, avec la lettre indicative de l'atelier monétaire. En dehors et autour seront gravés ces mots : *République française*, avec les différens du directeur et du graveur.

Décret additionnel à celui sur l'empreinte des monnaies.

Du 28 Brumaire an II.

La pièce d'un décime aura pour empreinte, d'un côté, l'arche de la constitution, et le faisceau surmonté du bonnet; au-dessous de la ligne de tenue on lira : 10 *Août*; et plus bas le différent de l'atelier monétaire, la légende : *le Peuple souverain*; de l'autre côté, la valeur de la pièce; l'encâdrement et le millésime seront comme dans le revers de la pièce de cinq décimes.

Décret portant que les fabricateurs de fausse monnaie étrangère, seront punis de la même peine que les fabricateurs de fausse monnaie nationale.

Art. I.er Les dispositions des articles I et II de la VI.ème section du titre I.er de la deuxième partie du code pénal (1) sont déclarées communes aux mon-

---

(1) Art. I.er de la VI.e section du titre I.er de la 2.e partie du code pénal : Quiconque sera convaincu d'avoir contrefait ou altéré les espèces ou monnaies nationales ayant cours, ou

[library stamp]

naies étrangères et autres papiers ayant cours de monnaie en pays étranger.

Loi sur l'établissement de la comptabilité en livres, décimes et centimes.

Du 17 Frimaire an II.

ART. I.er A compter du 1.er Germinal de l'année actuelle, 2.e de la République, tous les marchés qui seront passés avec les fournisseurs et entrepreneurs de la République seront stipulés en livres, décimes et centimes.

II. Les comptes des dépenses publiques de toute espèce, de la présente année et des suivantes, au-lieu d'être rendus comme par le passé, en livres, sous et deniers, tournois, le seront en livres, décimes et centimes.

III. Dans la reddition des comptes des dépenses publiques pour la présente année, la réduction des sous et deniers en décimes et centimes sera faite par émargement à la fin de chaque chapitre de recette ou de dépense, conformément à la table annexée au présent décret. (Voyez le Tableau n.o 1.er)

---

d'avoir contribué sciemment à l'exposition desdites espèces de monnaies contrefaites ou altérées, ou à leur introduction dans l'enceinte de l'empire français, sera puni de la peine de quinze années de fers.

II. Quiconque sera convaincu d'avoir contrefait des papiers nationaux ayant cours de monnaie, ou d'avoir contribué sciemment à l'exposition desdits papiers contrefaits, ou à leur introduction dans l'enceinte du territoire français, sera puni de mort.

Loi qui ordonne la fabrication de cent cinquante millions de monnaie de cuivre.

Du 28 Germinal an III.

Art. I.er Il sera fabriqué jusqu'à la concurrence de cent cinquante millions de monnaie de cuivre, avec le métal de cloches épuré.

Loi portant que les sous d'ancienne fabrication continueront provisoirement d'avoir cours.

Du 19 Prairial an III.

La Convention nationale décrète que les sous d'ancienne fabrication continueront à circuler comme par le passé, jusqu'à la nouvelle émission de la monnaie provenant du métal de cloches épuré.

Loi relative à la fabrication des pièces d'or.

Du 28 Thermidor an III.

Art. I.er Il sera fabriqué des pièces d'or.

II. Le titre sera de neuf parties de ce métal pur et et d'une partie d'alliage.

III. La tolérance du titre sera de trois millièmes en dedans, et de trois millièmes en dehors du titre fixé par l'article précédent.

IV. Chaque pièce sera à la taille de dix grammes.

V. La tolérance du poids sera d'un quatre centième en dedans, et d'un quatre centième en dehors du poids fixé par l'art. précédent.

VI. Ces pièces auront pour type la figure de la paix unie à l'abondance, avec la légende : *Paix et Abondance.*

VII. Sur le revers seront gravées deux branches enlacées, l'une de chêne, l'autre d'olivier, avec la légende : *République française.*

Au centre, on lira le poids de la pièce.

L'exergue exprimera, en chiffres arabes, l'an de l'ère républicaine.

Au-dessous sera gravé le signe indicatif de l'atelier où elle aura été fabriquée.

Lois relatives à la fabrication de la monnaie d'argent et de la petite monnaie.

Du 28 Thermidor an III et 28 Vendémiaire an IV.

TITRE I.

Dispositions générales sur les monnaies.

ART I.er L'unité monétaire portera désormais le nom de franc.

II. Le franc sera divisé en dix décimes; le décime sera divisé en dix centimes.

III. Le titre et le poids des monnaies seront indiqués par les divisions décimales.

TITRE II.

De la monnaie d'argent.

ART. I.er Le titre de la monnaie d'argent sera de neuf parties de ce métal pur, et d'une partie d'alliage.

II. La tolérance du titre sera de sept millièmes en dedans, et de sept millièmes en dehors du titre fixé par l'art. précédent.

III. Il sera fabriqué des pièces d'un, de deux et de cinq francs.

IV. La pièce d'un franc sera à la taille de cinq grammes;

Celle de deux francs, à la taille de dix grammes;

Celle de cinq francs, à la taille de vingt-cinq grammes.

V. La tolérance du poids sera d'un deux centième en dedans, et d'un deux centième en dehors du poids fixé par l'art. précédent.

VI. Les pièces d'argent auront pour type la figure d'Hercule unissant l'Egalité et la Liberté, avec la légende: *Union et Force.*

Sur le revers seront gravées deux branches enlacées, l'une de chêne, l'autre d'olivier, avec la légende: *République française.*

Au centre, on lira la valeur de la pièce.

L'exergue exprimera, en chiffres arabes, l'an de l'ère républicaine.

Au dessous, sera gravé le signe indicatif de l'atelier monétaire.

La tranche des pièces de cinq francs portera ces mots: *Garantie nationale.*

TITRE III.

De la petite monnaie.

Art. I.er Il sera fabriqué, en métal de bronze épuré, des pièces d'un, de deux et de cinq centimes; d'un et de deux décimes.

II. La pièce d'un centime sera à la taille d'un gramme;

Celle de deux centimes, à la taille de deux grammes;

Celle de cinq centimes, à la taille de cinq grammes;

Celle d'un décime, à la taille de dix grammes;

Celle de deux décimes, à la taille de vingt grammes.

III. La tolérance de poids sera de quarante pièces par kilogramme pour les pièces d'un centime;

Vingt pièces par kilogramme pour celles de deux centimes;

Huit pièces par kilogramme pour celles de cinq centimes;

Quatre pièces par kilogramme pour celles d'un décime;

Deux pièces par kilogramme pour celles de deux décimes.

IV. La tolérance de poids sera évaluée moitié en dedans, moitié en dehors, du poids fixé par l'art. précédent.

V. Ces pièces auront pour type la figure de la Liberté, avec la légende : *République française.*

Le revers exprimera, au centre, la valeur de la pièce;

Au-dessous, en forme d'exergue, l'an de l'ère républicaine.

Enfin, au bas, le signe indicatif de l'atelier monétaire.

Loi relative à la fabrication des monnaies.

Du 8 Frimaire an IV.

Art. II. Tout citoyen qui voudra convertir en monnaie, des matières d'or et d'argent, pourra les porter aux hôtels des monnaies; la valeur réelle lui en sera payée en même métal, suivant le titre, sans aucune retenue pour frais de fabrication, droits de perception ou autres.

Arrêté portant qu'il ne sera admis dans les paiemens que le quarantième en monnaie de cuivre.

Du 14 Nivôse an IV.

Il ne pourra être admis, en paiement de tous les

droits et contributions de quelque nature qu'ils soient payables en numéraire, que le quarantième en monnaie de cuivre de la somme à payer indépendamment de l'appoint (*), le surplus devra être acquitté en espèces d'or et d'argent. Les percepteurs desdits droits et contributions seront personnellement comptables, en espèces d'or et d'argent, des sommes qu'ils auront reçues en monnaies de cuivre au-delà du quarantième de la somme due.

Loi portant des peines contre ceux qui décrieraient ou refuseraient les monnaies métalliques frappées au coin de la république.

Du 20 Ventôse an IV.

ART. I.er Ceux qui, par leurs discours et leurs écrits, décrieraient les monnaies métalliques frappées au coin de la république, seront poursuivis par voie de police correctionnelle, et condamnés aux peines les plus fortes que peuvent prononcer les tribunaux de police correctionnelle, c'est-à-dire deux années d'emprisonnement; en cas de récidive, ils seront poursuivis criminellement et punis de quatre années de fers.

II. Ceux qui refuseront de recevoir en paiement les monnaies métalliques frappées au coin de la république, pour les valeurs dont elles portent l'empreinte, seront punis, pour la première fois, d'une amende décuple de la somme refusée; pour la seconde fois, d'une amende centuple de la somme refusée ; et

(*) Par une décision du Ministre des finances, du 21 vendémiaire an V, les cotes des contributions au-dessous de cinq francs peuvent être payées en totalité en billon.

pour la troisième fois, de deux années de détention.

III. Chaque jugement sera affiché aux frais du délinquant, dans tous les chefs-lieux de cantons du département dans l'arrondissement duquel il aura été rendu.

Loi portant que les pièces républicaines de cinq francs, seront reçues pour cinq livres un sou trois deniers tournois.

Du 25 Germinal an IV.

Les pièces de cinq francs frappées au coin de la république, seront reçues pour cinq livres un sou trois deniers tournois.

Arrêté portant que celui du 14 nivôse an IV, concernant l'emploi de la monnaie de cuivre dans les paiemens à faire aux différentes caisses publiques, sera publié dans les départemens réunis par la loi du 9 vendémiaire an IV.

Du 26 Prairial an IV.

Le directoire exécutif ordonne que l'arrêté du 14 nivôse dernier, concernant l'emploi de la monnaie de cuivre dans les paiemens à faire aux différentes caisses publiques, sera inséré au bulletin des lois, et publié dans les neuf départemens réunis par la loi du 9 vendémiaire an IV, pour y être exécuté selon sa forme et teneur.

Arrêté concernant les pièces de billon de la valeur de vingt-quatre deniers.

Du 2 Fructidor an IV.

Les pièces de billon de la valeur de vingt-quatre deniers, ne pourront être refusées pour cette valeur entière, sous quelque prétexte que ce soit, lorsqu'il restera de l'un ou de l'autre côté des vestiges de leur empreinte.

Loi qui prescrit un mode pour retirer de la circulation les pièces en métal de bronze, fabriquées en exécution de la loi du 28 thermidor an III.

Du 3 Brumaire an V.

ART. I.er Le titre III du décret de la convention nationale du 28 thermidor de l'an III de la république, relatif à la fabrication des pièces d'un, de deux et de cinq centimes, d'un et de deux décimes en métal de bronze épuré, est rapporté.

II. A compter de ce jour, et jusqu'au premier nivôse prochain, les pièces de cinq centimes, d'un et de deux décimes, fabriquées en exécution du décret de la convention nationale du 28 thermidor de l'an III, seront reçues dans toutes les caisses de la république, en paiement des contributions directes et indirectes, des domaines nationaux vendus et à vendre, et généralement de tout ce qui est dû à la république, en quelque quantité qu'elles y soient présentées, pour la valeur dont elles portent l'empreinte.

III. A compter de la publication de la présente loi,

et jusqu'au premier nivôse prochain, la trésorerie nationale ne pourra effectuer aucun paiement en pièces de cinq centimes, d'un et de deux décimes, fabriquées en exécution du décret de la convention nationale du 28 thermidor de l'an III.

IV. A mesure que les pièces de cinq centimes, fabriquées en exécution du décret de la convention nationale du 28 thermidor de l'an III, rentreront dans les caisses publiques, elles seront portées aux hôtels des monnaies ou ateliers monétaires les plus voisins, pour y être refondues.

V. A mesure que les pièces d'un et de deux décimes, fabriquées en exécution du décret de la convention nationale du 28 thermidor de l'an III, rentreront dans les caisses publiques, elles seront portées aux hôtels des monnaies ou ateliers monétaires, pour y recevoir une nouvelle empreinte, savoir ; les pièces de deux décimes recevront l'empreinte d'un décime, et celles d'un décime recevront l'empreinte de cinq centimes.

VIII. Il sera donné en échange à ceux qui remettront les pièces de cinq centimes, d'un et de deux décimes, fabriquées en exécution du décret de la convention nationale du 28 thermidor de l'an III, le double en poids de monnaie de cuivre fabriquée en vertu de la nouvelle loi ; de sorte que pour une pièce d'un décime ou deux sous, il sera remis au porteur deux pièces de cinq centimes, dont chacune aura un poids égal à la pièce déposée. Il en sera de même pour les autres pièces.

Loi qui ordonne la fabrication d'une nouvelle monnaie de cuivre.

Du 3 Brumaire an V.

Art. I.er A dater de la publication de la présente loi, il sera fabriqué jusqu'à la concurrence de dix millions de monnaie de cuivre, en pièces d'un et cinq centimes et d'un décime.

II. La pièce d'un centime, ou cinquième de sou, sera du poids de deux grammes ou trente-huit grains; celle de cinq centimes, ou un sou, sera du poids de dix grammes ou cent quatre-vingt-dix grains;

Celle d'un décime, ou deux sous, sera du poids de vingt grammes ou trois cent quatre-vingt grains.

III. En conséquence de l'article précédent, les pièces d'un centime seront à la taille de cinq cents par kilogramme, c'est-à-dire que dans trente-deux onces cinq gros quarante-neuf grains, on fabriquera cinq cents pièces; celles de cinq centimes seront à la taille de cent par kilogramme, et celles d'un décime seront à la taille de cinquante par kilogramme.

IV. La tolérance de poids sera de vingt pièces par kilogramme pour les pièces d'un centime; de quatre pièces par kilogramme pour les pièces de cinq centimes;

Et de deux pièces par kilogramme pour les pièces d'un décime.

V. La tolérance de poids sera évaluée moitié en dedans, moitié en dehors du poids fixé par l'article précédent.

VI. Les pièces d'un, de cinq centimes et d'un décime, auront pour type la figure de la liberté, avec la légende : *République française*. Le revers exprimera, au centre, la valeur de la pièce ; au-dessous, en forme d'exergue, l'an de l'ère républicaine, et au bas le signe indicatif de l'hôtel des monnaies ou de l'atelier monétaire, avec le différent du graveur.

Arrêté qui ordonne que les pièces de billon de vingt-quatre deniers seront reçues pour cette valeur entière.

Du 18 Vendémiaire an VI.

Art. I.er Les pièces de billon connues sous la dénomination de monnaie grise, de la valeur de vingt-quatre deniers, ne pourront être refusées pour cette valeur entière, sous quelque prétexte que ce soit, lorsqu'il restera de l'un ou de l'autre côté quelque vestige de leur empreinte.

II. Tous contrevenans à cette disposition seront poursuivis et condamnés aux peines prononcées par les lois contre ceux qui refusent de recevoir les monnaies nationales pour les valeurs qui leur ont été données lors de leur fabrication.

III. Lesdites pièces seront admises dans les paiemens de tous les droits et contributions publiques, à raison du quarantième desdits paiemens, indépendamment de l'appoint, ainsi qu'il a été ordonné pour les monnaies de cuivre par l'arrêté du 14 nivôse an IV.

Loi qui ordonne la fabrication d'une monnaie de cuivre jusqu'à concurrence de dix millions.

Du 29 Pluviôse an VII.

Art. I.er Il sera incessamment fabriqué, jusqu'à concurrence de dix millions, une monnaie de cuivre, ainsi qu'il est réglé par les lois existantes: moitié de cette somme sera frappée en pièces d'un décime, et moitié en pièces de cinq centimes.

II. L'émission de cette monnaie dans la circulation, n'aura lieu qu'au fur et à mesure des rentrées qui s'opéreront dans les caisses publiques, de la monnaie de métal de cloches, dont le mode de retirement sera réglé par une loi particulière.

Loi qui fixe les règles de comptabilité, conformément au nouveau système des poids et mesures.

Du 17 Floréal an VII.

Art. I.er A compter du 1.er vendémiaire prochain, toutes stipulations et comptes de valeurs monétaires pour le service public de l'exercice de l'an VIII, ne pourront être énoncés qu'en francs et fractions décimales de francs: en conséquence, les traitemens des fonctionnaires publics, et les impositions de toute nature de l'exercice de l'an VIII, seront calculés et payés en ces valeurs, en substituant le franc à l'ancienne livre tournois.

II. A partir de la même époque, toutes transactions ou actes entre particuliers, exprimeront également les sommes en francs, décimes et centimes, ou les sommes seront censées évaluées de cette manière, quand même elles seraient énoncées en livres, sous et deniers.

III. L'acquittement des obligations antérieures à l'époque ci-dessus désignée, soit entre particuliers, soit pour le service public, sera fait en valeur de l'ancienne livre tournois, quand même l'expression de franc se trouverait écrite dans les actes au-lieu de celle de livre; sauf le cas où la valeur du nouveau franc aurait été formellement stipulée.

IV. Les pièces d'or et d'argent à l'ancien type et au poids légal, continueront d'avoir cours, même pour les paiemens à faire en francs; mais à la charge par celui qui se libérera, d'ajouter un centime et un quart (trois deniers) à chaque livre, afin de les porter à la valeur de francs.

V. Les contributions des exercices antérieurs à celui de l'an VIII, continueront à être payées, jusqu'à leur entière solution, en livres tournois; il en sera compté en la même forme.

VI. Les percepteurs et autres receveurs des contributions de l'an VII, ne seront admis à compter tous les deniers perçus au 1.er vendémiaire an VIII sur les contributions antérieures à cette même année, que jusqu'au 5 vendémiaire inclusivement; et ceux-ci, chez le receveur général, que jusqu'au 10 du même mois, aussi inclusivement: ces délais passés, ils seront responsables de la différence de la livre tournois au franc.

VII. Le directoire exécutif demeure chargé de donner des ordres pour la vérification des caisses, d'après les époques ci-dessus indiquées; et les receveurs généraux en adresseront les résultats au ministre des finances et à la trésorerie.

VIII. Les prix des fermages des domaines nationaux, stipulés antérieurement à la publication de la présente loi, seront payés, pour tous les termes échus à l'époque du 1.er vendémiaire prochain, en livres tournois; ils seront ensuite acquittés de même jusqu'à l'expiration des baux : mais les quittances, ainsi que les registres, porteront, après l'énoncé des sommes en livres tournois, leur réduction en francs et centimes de francs, afin qu'il en soit compté de même au trésor public.

IX. Les deux semestres des rentes et pensions de l'an VIII seront payés en francs, c'est-à-dire, un franc par chaque livre, sans modification ni réduction; il en sera de même des semestres à écheoir à l'avenir.

Loi concernant la fabrication de dix millions de monnaie de cuivre.

Du 9 Fructidor an VII.

Art. I.er Il sera prélevé sur la monnaie de cuivre fabriquée en exécution de la loi du 29 pluviôse dernier, et mise en réserve, les sommes nécessaires pour payer les frais de fabrication dus, et ceux que la continuation de cette fabrication nécessitera.

II. Ladite somme de dix millions, déduction faite des frais de fabrication, sera versée à la trésorerie nationale, pour faire partie des fonds destinés au service de l'an VIII.

III. Les dispositions de la loi du 29 pluviôse dernier, qui suspendaient l'émission de cette nouvelle monnaie, sont rapportées.

Arrêté concernant l'application du calcul par franc et fraction du franc à la comptabilité publique.

Du 26 Vendémiaire an VIII.

Art. I.er Les deux tableaux annexés au présent arrêté, établissant, le premier, la valeur du franc et des fractions du franc relativement à la livre tournois et à ses fractions (Voyez le tableau n.° 2); le second, cette dernière valeur comparée à la première (Voyez le tableau n.° 3), serviront de base et de règle pour la comptabilité publique, à compter de l'an VIII.

II. La monnaie, soit de cuivre, soit de métal de cloche allié de cuivre, à l'ancien type, et celle de billon, connue vulgairement sous la dénomination de monnaie grise, seront employées en recette et en dépense comme fractions du franc, ainsi que les pièces d'un décime, de cinq centimes et d'un centime, et pour la même valeur que ces pièces, à compter de la même époque.

Arrêté contenant un tarif pour la valeur des pièces d'or, d'argent, de billon et de cuivre qui ont cours dans la 27.ème division militaire.

Du 13 Frimaire an X.

Art. I.er Les pièces d'or, d'argent, de billon et de cuivre, en circulation dans la 27.ème division militaire, n'y auront cours, à compter de la publication du présent arrêté, que pour les valeurs portées dans le tarif ci-joint (N.° 4), tant en livres de Piémont qu'en francs.

Loi sur la fabrication et la vérification des monnaies.

Du 7 Germinal an XI.

TITRE PREMIER.

De la fabrication des monnaies.

ART. I.er Les pièces de monnaie d'argent seront d'un quart de franc, d'un demi-franc, de trois quarts de franc, d'un franc, de deux francs et de cinq francs.

II. Leur titre est fixé à neuf dixièmes de fin et un dixième d'alliage.

III. Le poids de la pièce d'un quart de franc sera d'un gramme vingt-cinq centigrammes;

Celui de la pièce d'un demi-franc, de deux grammes cinq décigrammes;

Celui de la pièce de trois quarts de franc, de trois grammes soixante-quinze centigrammes;

Celui de la pièce d'un franc, de cinq grammes;

Celui de la pièce de deux francs, de dix grammes;

Et celui de la pièce de cinq francs, de vingt-cinq grammes,

IV. La tolérance du titre sera, pour la monnaie d'argent, de trois millièmes en dehors, autant en dedans.

V. La tolérance de poids sera, pour les pièces d'un quart de franc, de dix millièmes en dehors, autant en dedans; pour les pièces d'un demi-franc et de trois quarts de franc, de sept millièmes en dehors, autant en dedans; pour les pièces d'un franc et de deux francs, de cinq millièmes en dehors, autant en dedans; et pour les pièces de cinq francs, de trois millièmes en dehors, autant en dedans.

VI. Il sera fabriqué des pièces d'or de vingt francs et de quarante francs.

VII. Leur titre est fixé à neuf dixièmes de fin et un dixième d'alliage.

VIII. Les pièces de vingt francs seront à la taille de cent cinquante-cinq pièces au kilogramme, et les pièces de quarante francs, à celle de soixante-dix-sept et demie.

IX. La tolérance du titre de la monnaie d'or est fixée à deux millièmes en dehors, autant en dedans.

X. La tolérance de poids est fixée à deux millièmes en dehors, autant en dedans.

XI. Il ne pourra être exigé de ceux qui porteront les matières d'or ou d'argent à la monnaie, que les frais de fabrication.

Ces frais sont fixés à neuf francs par kilogramme d'or, et à trois francs par kilogramme d'argent.

XII. Lorsque les matières seront au-dessous du titre monétaire, elles supporteront les frais d'affinage ou de départ.

Le montant de ces frais sera calculé sur la portion desdites matières qui doit être purifiée, pour élever la totalité au titre monétaire.

XIII. Il sera fabriqué des pièces de cuivre pur de deux centimes, de trois centimes et de cinq centimes.

XIV. Le poids des pièces de deux centimes sera de quatre grammes;

Celui des pièces de trois centimes, de six grammes;
Et celui des pièces de cinq centimes, de dix grammes.

XV. La tolérance de poids sera, pour les pièces de cuivre, d'un cinquantième en dehors.

XVI. Le type des pièces de monnaies est réglé comme il suit:

Sur une des surfaces des pièces d'or, d'argent et de cuivre, la tête du premier consul, avec la légende *Bonaparte, premier consul;*

Sur le revers, deux branches d'olivier, au milieu desquelles on placera la valeur de la pièce; et en dehors, la légende *République française*, avec l'année de la fabrication.

Sur les pièces d'or et de cuivre, la tête regardera la gauche du spectateur; et sur les pièces d'argent, elle regardera la droite.

La tranche des pièces de cinq francs portera cette légende: *Dieu protège la France.*

XVII. Le diamètre de chaque pièce sera déterminé par un réglement d'administration publique.

TITRE II.

De la vérification des monnaies.

XVIII. Les monnaies fabriquées aux termes de la présente, ne seront mises en circulation qu'après vérification de leur titre et de leur poids; cette vérification se fera sous les yeux de l'administration des monnaies, immédiatement aprés l'arrivée des échantillons.

XIX. Les directeurs de fabrication pourront assister

en personne aux vérifications, ou se faire représenter par un fondé de pouvoir.

XX. L'administration dressera procès-verbal des opérations relatives à la vérification des monnaies; elle enverra ce procès-verbal aux ministres des finances et du trésor public, avec sa décision.

XXI. Les pièces qui auront servi à constater l'état de la fabrication, resteront déposées aux archives de l'administration des monnaies pendant cinq ans. Elles seront ensuite passées en recette au caissier, qui les enverra à la fonte.

XXII. En cas de fraude dans le choix des échantillons, les auteurs, fauteurs et complices de ce délit, seront poursuivis comme faux monnayeurs.

Loi relative aux pièces d'or et d'argent rognées ou altérées.

Du 14 Germinal an XI.

ART. Ier A compter du jour de la publication de la présente, les pièces d'or de vingt-quatre et de quarante-huit livres tournois, rognées ou altérées, ne seront admissibles dans les payemens qu'au poids.

II. Il en sera de même des pièces de six livres tournois rognées.

III. Les pièces dénommées dans les articles précédens seront portées aux hôtels des monnaies pour être refondues; elles y seront échangées contre des pièces neuves, sans aucune retenue de frais de fabrication.

IV. Le tarif, suivant lequel ces pièces seront reçues dans les payemens et aux hôtels des monnaies, sera déterminé par un réglement d'administration publique. (Voyez les Tableaux N.os 5 et 6).

V. Les auteurs, fauteurs et complices de l'altération et de la contrefaçon des monnaies nationales, seront punis de mort.

Arrêté relatif aux frais d'affinage des matières et espèces d'or et d'argent d'un titre inférieur à celui des nouvelles espèces.

Du 4 Prairial an XI.

Art. I.er Les frais d'affinage des matières et espèces d'argent apportées aux changes des monnaies, dont le titre se trouvera inférieur à celui des nouvelles espèces, sont fixés et seront perçus conformément au tarif annexé au présent arrêté. (Voyez le Tableau N.° 7).

II. Les frais d'affinage des matières et espèces d'or sont fixés à trente-deux francs par kilogramme de fin, contenu dans la portion des matières qui sera soumise à cette opération.

Arrêté contenant les tarifs du change des espèces d'argent et d'or de France, antérieures aux refontes de 1726 et de 1785, et des espèces et matières étrangères.

Dn 17 Prairial a nXI.

Art. I.er Les espèces d'argent de France antérieures à la refonte ordonnée en 1726, les espèces étrangères et autres matières d'argent, les espèces d'or de France antérieures à la refonte ordonnée en 1785, les espèces étrangères et autres matière d'or, seront payées au change, conformémeut aux tarifs ci-annexés. (Voyez les Tableaux N.os 8 et 9).

Arrêté relatif aux piastres destinées à être converties en monnaies nationales.

Du 26 Prairial an XI.

ART. I.er Les piastres qui seront apportées aux hôtels des monnaies pour être converties en monnaies nationales, ne seront point assujetties aux frais d'affinage, dont la retenue est ordonnée par l'art. XII de la loi du 7 Germinal an XI.

Lettre du Ministre des finances aux Préfets des Départemens, relative à l'admission au change ou dans la circulation des pièces d'or de vingt-quatre et quarante-huit livres, et des écus de six livres tournois.

Du cinq messidor an XI.

LES questions qui m'ont été adressées, citoyen Préfet, sur l'exécution de la loi du 14 Germinal dernier, concernant les monnaies, m'ont déterminé à faire à ce sujet un rapport au gouvernement.

Le Conseil d'état, auquel le renvoi en a été fait, a pris, le 25 Prairial dernier, une délibération, approuvée par le Gouvernement le 26 du même mois, portant, 1.° que les pièces d'or de vingt-quatre et de quarante-huit livres tournois, qui se trouveraient au dessous du poids déterminé par la déclaration du 30 Octobre 1785, ne doivent être reçues et données en payement que *pour le poids qu'elles ont conservé.* Celui déterminé par la déclaration de 1785, est de cent quarante-quatre grains (1), ou au-moins de cent quarante-trois et demi, d'après la tolérance autorisée par les lois, ce poids est double pour les pièces de quarante-huit livres.

2.° Que la rognure est le seul motif qui puisse autoriser à ne pas recevoir les pièces de six livres tournois pour leur valeur nominale, et que les pièces rognées doivent néanmoins continuer d'être reçues et données en payement, mais seulement pour *le poids qu'elles ont conservé.*

Ainsi, les pièces d'or de vingt-quatre et quarante-huit livres tournois, fabriquées en vertu de la déclaration du 30 Octobre 1785, qui ont conservé le poids déterminé par cette déclaration, sont les seules admissibles pour leur valeur nominale; et celles non-seulement *rognées* ou *altérées*, mais encore celles qui se trouveraient au-dessous du poids déterminé par ladite déclaration, ne doivent être reçues et données en payement que pour le poids qu'elles ont conservé, et au prix fixé par le tarif.

Et relativement aux pièces de six livres tournois, ce ne sont uniquement que celles *rognées* qui ne peuvent être reçues qu'au poids, et payées au prix fixé par le tarif; et celles *non-rognées* doivent continuer d'avoir cours pour leur valeur nominale, sans égard à ce qu'elles auraient pu perdre pour le frai seulement. (Voyez les Tableaux N.ºs 5 et 6).

---

(1) 144 grains équivalent à 7 grammes 648 milligrammes.
143 grains ½ .... à 7 grammes 622 milligrammes.
(*Circulaire du Ministre du Trésor public aux Receveurs généraux, du 12 Messidor an* 11).

Arrêté relatif au change des écus de trois livres et des pièces de vingt-quatre sous, douze et six sous, qui n'ont conservé aucune trace de leur empreinte.

Du 6 Fructidor an XI.

Art. I.er Les écus de trois livres, et les pièces de vingt-quatre sous, douze et six sous, qui n'ayant conservé aucune trace de leur empreinte ont perdu, aux termes des anciennes lois, le caractère de monnaie, seront reçues au change d'après leur poids, savoir :

Les écus de trois livres, sur le pied réglé par le tarif arrêté pour les écus de six livres rognés. (Voyez le Tableau N.° 6).

Les pièces de vingt-quatre sous, à raison de cent quatre-vingt-quinze francs le kilogramme.

Celles de douze sous, à raison de cent quatre-vingt-dix-sept francs vingt-deux centimes le kilogramme.

Et celles de six sous, à raison de cent quatre-vingt-huit francs vingt centimes le kilogramme : le tout conformément au résultat des expériences faites par l'administration des monnaies sur une grande quantité des pièces extraites de la circulation.

II. Les écus de trois livres, et les pièces de vingt-quatre sous, douze sous, et six sous, qui *conserveront quelques traces de leur empreinte*, continueront d'être reçues et données en payement sans difficulté.

N.° 1. *TABLE pour convertir les Sous et Deniers de la Livre numéraire, en Décimes et Centimes de la même Livre.*

SOUS.	DENIERS.											
	0	1	2	3	4	5	6	7	8	9	10	11
0	0	00	01	01	02	02	03	03	03	04	04	05
1	5	5	6	6	7	7	8	8	8	9	9	10
2	10	10	11	11	12	12	13	13	13	14	14	15
3	15	15	16	16	17	17	18	18	18	19	19	20
4	20	20	21	21	22	22	23	23	23	24	24	25
5	25	25	26	26	27	27	28	28	28	29	29	30
6	30	30	31	31	32	32	33	33	33	34	34	35
7	35	35	36	36	37	37	38	38	38	39	39	40
8	40	40	41	41	42	42	43	43	43	44	44	45
9	45	45	46	46	47	47	48	48	48	49	49	50
10	50	50	51	51	52	52	53	53	53	54	54	55
11	55	55	56	56	57	57	58	58	58	59	59	60
12	60	60	61	61	62	62	63	63	63	64	64	65
13	65	65	66	66	67	67	68	68	68	69	69	70
14	70	70	71	71	72	72	73	73	73	74	74	75
15	75	75	76	76	77	77	78	78	78	79	79	80
16	80	80	81	81	82	82	83	83	83	84	84	85
17	85	85	86	86	87	87	88	88	88	89	89	90
18	90	90	91	91	92	92	93	93	93	94	94	95
19	95	95	96	96	97	97	98	98	98	99	99	100

N.° 2. *TABLE de la valeur des Francs en Livres tournois.*

Francs.	Livres.	Sous.	Den.	Francs.	Livres	Sous.	Den.
1........	1	//	3	600........	607	10	//
2........	2	//	6	700........	708	15	//
3........	3	//	9	800........	810	//	//
4........	4	1	//	900........	911	5	//
5........	5	1	3	1,000........	1,012	10	//
6........	6	1	6	2,000........	2,025	//	//
7........	7	1	9	3,000........	3,037	10	//
8........	8	2	//	4,000........	4,050	//	//
9........	9	2	3	5,000........	5,062	10	//
10........	10	2	6	6,000........	6,075	//	//
20........	20	5	//	7,000........	7,087	10	//
30........	30	7	6	8,000........	8,100	//	//
40........	40	10	//	9,000........	9,112	10	//
50........	50	12	6	10,000........	10,125	//	//
60........	60	15	//	20,000........	20,250	//	//
70........	70	17	6	30,000........	30,375	//	//
80........	81	//	//	40,000........	40,500	//	//
90........	91	2	6	50,000........	50,625	//	//
100........	101	5	//	60,000........	60,750	//	//
200........	202	10	//	70,000........	70,875	//	//
300........	303	15	//	80,000........	81,000	//	//
400........	405	//	//	90,000........	91,125	//	//
500........	506	5	//	100,000........	101,250	//	//

Pour expédition conforme, *signé* GOHIER, *président;*
Par le Directoire exécutif, *le secrétaire genéral,* LAGARDE.

N.° 3. *TABLEAU comparatif de la différence entre la valeur de la livre tournois et celle du franc.*

Livres.	Sous.	Francs.	Cent.	Livres.	Francs.	Cent.
"	1	0	05	15	14	81
"	2	0	10	16	15	80
"	3	0	15	17	16	79
"	4	0	20	18	17	78
"	5	0	25	19	18	77
"	6	0	30	20	19	75
"	7	0	35	21	20	74
"	8	0	40	22	21	73
"	9	0	44	23	22	72
"	10	0	49	24	23	70
"	11	0	54	25	24	69
"	12	0	59	26	25	68
"	13	0	64	27	26	67
"	14	0	69	28	27	65
"	15	0	74	29	28	64
"	16	0	79	30	29	63
"	17	0	84	31	30	62
"	18	0	89	32	31	60
"	19	0	94	33	32	59
1		0	99	34	33	58
2		1	98	35	34	57
3		2	96	36	35	56
4		3	95	37	36	54
5		4	94	38	37	53
6		5	93	39	38	52
7		6	91	40	39	51
8		7	90	41	40	49
9		8	89	42	41	48
10		9	88	43	42	47
11		10	86	44	43	46
12		11	85	45	44	44
13		12	84	46	45	43
14		13	83	47	46	42

Suite du N.° 3.

Livres.	Francs.	Cent.	Livres.	Francs.	Cent.
48	47	41	83	81	98
49	48	40	84	82	96
50	49	38	85	83	95
51	50	37	86	84	94
52	51	36	87	85	93
53	52	35	88	86	91
54	53	33	89	87	90
55	54	32	90	88	89
56	55	31	91	89	68
57	56	30	92	90	86
58	57	28	93	91	85
59	58	27	94	92	84
60	59	26	95	93	83
61	60	25	96	94	81
62	61	23	97	95	80
63	62	22	98	96	79
64	63	21	99	97	78
65	64	20	100	98	77
66	65	19	200	197	53
67	66	17	300	296	30
68	67	16	400	395	06
69	68	15	500	493	83
70	69	14	600	592	59
71	70	12	700	691	36
72	71	11	800	790	12
73	72	10	900	888	89
74	73	09	1,000	987	65
75	74	07	2,000	1,975	31
76	75	06	3,000	2,962	96
77	76	05	4,000	3,950	62
78	77	04	5,000	4,938	27
79	78	02	6,000	5,925	93
80	79	01	7,000	6,913	58
81	80	〃	8,000	7,901	23
82	80	99	9,000	8,888	89

Suite du N°. 3.

Livres.	Francs.	Cent.	Livres.	Francs.	Cent.
10,000	9,876	54	600,000	592,592	59
20,000	19,753	09	700,000	691,353	02
30,000	29,629	63	800,000	790,123	46
40,000	39,506	17	900,000	888,888	89
50,000	49,382	72	1,000,000	987,654	32
60,000	59,259	26	2,000,000	1,975,308	64
70,000	69,135	80	3,000,000	2,962,962	96
80,000	79,012	35	4,000,000	3,950,617	28
90,000	88,888	89	5,000,000	4,938,271	60
100,000	98,765	43	6,000,000	5,925,925	93
200,000	197,530	86	7,000,000	6,913,580	25
300,000	296,296	30	8,000,000	7,901,234	57
400,000	395,061	73	9,000,000	8,888,888	89
500,000	493,827	16	10,000,000	9,876,543	21

Pour expédition conforme, *signé* GOHIER, *président;*

Par le Directoire exécutif, *le secrétaire général*, LAGARDE.

N.° 4. ***TARIF** des Espèces d'Or et d'Argent, etc., qui ont cours dans la vingt-septième Division Militaire.*

OR.	LIVRES de Piémont. l.	s.	d.	FRANCS.
Louis de France	20	"	"	23f 70c
Double de Piémont	24	"	"	28 45
Marengo	16	17	6	20 "
Sequins, de Milan	9	16	4	11 63
Sequins, de Gênes	9	18	4	11 75
Sequins, de Venise	9	19	"	11 79
Sequins, de Florence	9	18	8	11 75
Sequins, de Rome	9	13	7	11 77
Souveraine	29	"	"	34 37
Quadruple d'Espagne, avant 1772	69	16	"	82 73
Quadruple d'Espagne, de 1772 à 1785	69	2	6	81 93
Portugaise neuve	74	16	2	88 67
Quadruple de Gênes	65	8	8	77 55
Double de Milan	16	7	"	19 38
Ruspon	29	16	"	35 32

ARGENT.	LIVRES de Piémont. l.	s.	d.	FRANCS.
Ecu de France	5	"	"	5f 94c
Pièces de 5 francs	4	4	4	5 "
Ecu de Piémont	6	"	"	7 11
Pièces de 5 francs subalpine	4	4	4	5 "
Ecu de Milan	3	16	8	4 54
Ecu neuf de Gênes	5	9	4	6 48
Croson, ou Couronne impériale	4	15	8	5 73
Taller	4	8	"	5 27
Francescone	4	12	6	5 48
Piastre neuve	4	9	2	5 29
BILLON.				
Pièce de huit sous	"	8	"	" 47 40 ou 47 "½
Pièce de sept sous et demi	"	7	6	" 44 44
CUIVRE.				
Pièce de deux sous	"	2	"	" 11 85 ou 11 "¾

Certifié conforme, le secrétaire d'état, *signé* HUGUES B. MARET.

Le Ministre des Finances, *signé* GAUDIN.

O R.

TARIF du Prix auquel doivent être payés, au Change, les Louis fabriqués en vertu de la Déclaration du 30 octobre 1785, en conformité de la Loi du 7 germinal an 11, qui ordonne que les nouvelles Pièces d'or seront fabriquées au titre de neuf cents millièmes, *et à la taille de 155 pièces de 20 fr., et de 77 pièces et demie de 40 fr. au kilogramme; et de celle du 14 du même mois, qui affranchit du droit de retenue les Louis de ladite fabrication; et aussi d'après un Arrêté du Gouvernement du 16 du susdit mois, qui en a fixé le titre à* neuf cent un millièmes.

	f	c	millièmes
1 Décigramme vaut	0	31	034
2	0	62	069
3	0	93	103
4	1	24	138
5	1	55	172
6	1	86	207
7	2	17	241
8	2	48	276
9	2	79	310
1 Gramme vaut	3	10	344
2	6	20	689
3	9	31	033
4	12	41	378
5	15	51	722
6	18	62	067
7	21	72	411
8	24	82	756
9	27	93	100
10	31	03	444
20	62	06	889
30	93	10	333
40	124	13	778
50	155	17	222
60	186	20	667

Suite du N.° 5.

70 Grammes valent	217^{f}	24^{c}	111 millièmes.
80	248	27	556
90	279	31	000
100	310	34	444
200	620	68	889
300	931	03	333
400	1,241	37	778
500	1,551	72	222
600	1,862	06	667
700	2,172	41	111
800	2,482	75	556
900	2,793	10	000
1,000	3,103	44	444

NOTA. Le centigramme de Louis vaut trois centimes cent trois millièmes; il équivaut à un cinquième de grain environ, poids de marc. Il n'est guère possible d'en faire usage dans une recette courante; mais on emploiera, dans les petites pesées, le quart de décigramme, correspondant à vingt-cinq milligrammes.

L'Administration des Monnaies,

Signé GUYTON, DIBARRART et SIVARD.

Vu et approuvé, Paris, le 15 Floréal an 11,

Le Ministre des Finances, *signé* GAUDIN.

N.º 6.

ARGENT.

TARIF du Prix auquel doivent être payés, au Change, les Écus de six livres *rognés ou altérés, en conformité de la Loi du 7 germinal an XI, qui ordonne que les nouvelles pièces d'Argent seront fabriquées au titre de* neuf cents millièmes; *que le franc,* unité monétaire, *sera du poids de* cinq grammes, *et les autres pièces dans une proportion exacte avec leur valeur; et celle du 14 du même mois, qui affranchit lesdits Écus du droit de retenue, et aussi d'après l'Arrêté du Gouvernement du 16 du susdit mois, qui en a fixé le titre à* neuf cent six millièmes.

	f	c	millièmes
1 Gramme vaut................	0	20	133
2	0	40	267
3	0	60	400
4	0	80	533
5	1	00	667
6	1	20	800
7	1	40	933
8	1	61	067
9	1	81	200
10	2	01	333
20	4	02	667
30	6	04	000
40	8	05	333
50	10	06	667
60	12	08	000
70	14	09	333
80	16	10	667

Suite du N.° 6.

90 Grammes valent...........	18f	12c	000 milliėmes.
100	20	13	333
200	40	26	667
300	60	40	000
400	80	53	333
500	100	66	667
600	120	80	000
700	140	93	333
800	161	06	666
900	181	20	000
1,000	201	33	333

NOTA. Dans les pesées des Écus de *six livres* inférieures à un kilogramme, les caissiers seront tenus d'employer le décigramme (environ deux grains poids de marc, valant deux centimes.)

L'Administration des Monnaies,

Signé GUYTON, DIBARRART, SIVARD.

Vu et approuvé, Paris, le 15 Floréal an 11,

Le Ministre des Finances, GAUDIN.

N.° 7.

TARIF des frais d'Affinage qui seront perçus au change des Monnaies, en exécution de l'article 12 de la loi du 7 Germinal an XI, sur les espèces et matières d'Argent d'un titre inférieur à celui des nouvelles espèces.

Depuis le titre	de	0.899	descendant jusqu'à	0.890 inclusivement.	4f	10c
	de	889	*idem*	880	4	20
	de	879	*idem*	870	4	30
	de	869	*idem*	860	4	40
	de	859	*idem*	850	4	50
	de	849	*idem*	840	4	60
	de	839	*idem*	830	4	70
	de	829	*idem*	820	4	80
	de	819	*idem*	810	4	90
	de	809	*idem*	800	5	00
	de	799	*idem*	790	5	10
	de	789	*idem*	780	5	20
	de	779	*idem*	770	5	30
	de	769	*idem*	760	5	40
	de	759	*idem*	750	5	50
	de	749	*idem*	740	5	60
	de	739	*idem*	730	5	70
	de	729	*idem*	720	5	80
	de	719	*idem*	710	5	90
	de	709	*idem*	700	6	00
	de	699	*idem*	690	6	10
	de	689	*idem*	680	6	20
	de	679	*idem*	670	6	30
	de	669	*idem*	660	6	40
	de	659	*idem*	650	6	50
	de	649	*idem*	640	6	60
	de	639	*idem*	630	6	70
	de	629	*idem*	620	6	80
	de	619	*idem*	610	6	90
	de	609	*idem*	600	7	00
	de	599	*idem*	590	7	10
	de	589	*idem*	580	7	20
	de	579	*idem*	570	7	30
	de	569	*idem*	560	7	40
	de	559	*idem*	550	7	50
	de	549	*idem*	540	7	60

Suite du N.° 7.

Depuis le titre	de 0.539	descendant jusqu'à	0.530 inclusivement.	7f	70c
	de 529	*idem*	520	7	80
	de 519	*idem*	510	7	90
	de 509	*idem*	500	8	00
	de 499	*idem*	490	8	10
	de 489	*idem*	480	8	20
	de 479	*idem*	470	8	30
	de 469	*idem*	460	8	40
	de 459	*idem*	450	8	50
	de 449	*idem*	440	8	60
	de 439	*idem*	430	8	70
	de 429	*idem*	420	8	80
	de 419	*idem*	410	8	90
	de 409	*idem*	400	9	00
	de 399	*idem*	390	9	10
	de 389	*idem*	380	9	20
	de 379	*idem*	370	9	30
	de 369	*idem*	360	9	40
	de 359	*idem*	350	9	50
	de 349	*idem*	340	9	60
	de 339	*idem*	330	9	70
	de 329	*idem*	320	9	80
	de 319	*idem*	310	9	90
	de 309	*idem*	300	10	00
	de 299	*idem*	290	10	20
	de 289	*idem*	280	10	40
	de 279	*idem*	270	10	60
	de 269	*idem*	260	10	80
	de 259	*idem*	250	11	00
	de 249	*idem*	240	11	20
	de 239	*idem*	230	11	40
	de 229	*idem*	220	11	60
	de 219	*idem*	210	11	80
	de 209	*idem*	200	12	00
Tout titre inf.r à 200 paiera				14	00

Certifié conforme, le secrétaire d'état, *signé* Hugues B. Maret.

Le ministre des finances, *signé* Gaudin.

ARGENT.

TARIF du Prix auquel doivent être payées au ehange les espèces de France antérieures à la refonte ordonnée en 1726, les espèces étrangères et autres matières d'Argent, en conformité de la loi du 7 Germinal an XI, qui ordonne que les nouvelles pièces d'Argent seront fabriquées au titre de neuf cents milliemes; que le franc, unité monétaire, *sera du poids de* cinq grammes, *et les autres pièces dans une proportion exacte avec leur valeur; et qui fixe la retenue pour frais de fabrication à trois francs par kilogramme d'Argent au titre des nouvelles Monnaies.*

DENOMINATION DES PIÈCES.	TITRES	VALEURS.
	1000	218f 88c 889/1000
	999	218 67
	998	218 45
	997	218 23
	996	218 01
	995	217 79
	994	217 58
	993	217 36
	992	217 14
	991	216 92
	990	216 70
	989	216 48
	988	216 26
	987	216 04
	986	215 82
	985	215 61
	984	215 39
Gros écus du Palatinat....................	983	215 17
	982	214 95
	981	214 73
	980	214 51
	979	214 29
	978	214 07
	977	213 85
Gros écus de Nassau-Weilbourg...........	976	213 64

Suite du N.º 8.

DENOMINATION DES PIÈCES	TITRES.	VALEURS.	
	975	213f	42c
	974	213	20
	973	212	98
	972	212	76
	971	212	54
	970	212	32
	969	212	10
	968	211	88
	967	211	67
	966	211	45
	965	211	23
	964	211	01
	963	210	79
	962	210	57
	961	210	35
	960	210	13
	959	209	91
	958	209	70
	957	209	48
	956	209	26
	955	209	04
	954	208	82
	953	208	60
	952	208	38
Jetons de France, et roupies de Pondychéry.	951	208	16
	950	207	94
	949	207	73
Argenterie au poinçon de Paris, tant plate non soudée que plate soudée, et roupies du Mongol...............................	948	207	51
	947	207	29
	946	207	07
	945	206	85
Roupies de Madras..........................	944	206	63
	943	206	41
	942	206	19

Suite du N.° 8.

DÉNOMINATION DES PIECES.	TITRES.	VALEURS.
Roupies d'Arcate des Indes................	941	205f 97c
	940	205 76
	939	205 54
Vaisselle montée de Paris, et philippes de Milan..................................	938	205 32
	937	205 10
	936	204 88
	935	204 66
Vaisselle plate des départemens...........	934	204 44
	933	204 22
	932	204 00
	931	203 79
	930	203 57
	929	203 35
	928	203 13
Vaisselle plate soudée et vaisselle montée des départemens............................	927	202 91
	926	202 69
	925	202 47
	924	202 25
	923	202 03
	922	201 82
	921	201 60
Couronnes et shelings d'Angleterre, et vaisselle anglaise............................	920	201 38
	919	201 16
	918	200 94
Ducatons de Liége.........................	917	200 72
	916	200 50
	915	200 28
	914	200 06
Ecus de France avant 1726, de 8, 9, 10, et 10 $\frac{2}{5}$ au marc............................	913	199 85
	912	199 63
	911	199 41
Ecus de banque de Gènes....................	910	199 19
	909	198 97

Suite du N.o 8.

DENOMINATION DES PIÈCES.	TITRES.	VALEURS.
	908	198f 75c
	907	198 53
Piastres aux deux globes; mexico et sévillernes; écus de Rome, et pièces de huit de Florence..............................	906	198 31
	905	198 09
	904	197 88
Ecus de Piémont	903	197 66
	902	197 44
	901	197 22
	900	197 00
Ducats de Naples, et écus de Suède.......	899	196 78
	898	196 56
	897	196 34
Piastres à l'effigie, de la fabrication commencée en 1772, creuzades de Portugal...	896	196 12
	895	195 91
	894	195 69
	893	195 47
	892	195 25
	891	195 03
	890	194 81
	889	194 59
	888	194 37
	887	194 15
	886	193 94
	885	193 72
	884	193 50
	883	193 28
Pièces de douze carlins d'Italie............	882	193 06
	881	192 84
	880	192 62
	879	192 40
	878	192 18
	877	191 97
	876	191 75

Suite du N.° 8.

DENOMINATION DES PIÈCES.	TITRES.	VALEURS.	
Ecus de Hanovre et de Hambourg.........	875	191 f	53 c
	874	191	31
	873	191	09
Florins d'Autriche..........................	872	190	87
	871	190	65
	870	190	43
	869	190	21
	868	190	00
	867	189	78
	866	189	56
	865	189	34
	864	189	12
	863	188	90
	862	188	68
Doubles écus de Danemarck...............	861	188	46
	860	188	24
	859	188	03
Ducatons et écus de Flandre et des Pays-Bas autrichiens; rixdalles de Hollande, et georgines de Gènes.........................	858	187	81
	857	187	59
	856	187	37
	855	187	15
	854	186	93
	853	186	71
	852	186	49
	851	186	27
	850	186	06
	849	185	84
	848	185	62
	847	185	40
	846	185	18
	845	184	96
	844	184	74
	843	184	52
	842	184	30

Suite du N.o 8.

DENOMINATION DES PIÈCES.	TITRES.	VALEURS.
	841	184f 09c
Patagons de Genève........................	840	183 87
	839	183 65
	838	183 43
	837	183 21
	836	182 99
	835	182 77
	834	182 55
	833	182 33
	832	182 12
	831	181 90
Ecus de Malte............................	830	181 68
	829	181 46
	828	181 24
	827	181 02
Ecus de Brunswick, de Ratisbonne, et mandouines de Gènes....................	826	180 80
	825	180 58
	824	180 36
Anciennes pièces de France, dites de 20 s., 10 s. et 4 s.; rixdalles et couronnes de Danemarck, et pièces de douze tarins de Sicile.................................	823	180 15
	822	179 93
	821	179 71
	820	179 49
Ecus ou rixdalles d'Anspach et de Bavière.	819	179 27
	818	179 05
	817	178 83
	816	178 61
	815	178 39
	814	178 18
Ducats de Venise............................	813	177 96
	812	177 74
	811	177 52
	810	177 30
	809	177 08

Suite du N.° 8.

DENOMINATION DES PIÈCES.	TITRES.	VALEURS.	
	808	176f	86c
	807	176	64
	806	176	42
	805	176	21
	804	175	99
	803	175	77
	802	175	55
	801	175	33
	800	175	11
Roubles de Russie........................	788	172	48
Argenterie marquée d'un aigle, et celle marquée de la lettre *A* surmontée d'une croix...	785	171	83
Argenterie marquée d'une scie............	757	165	70
Florins de Mayence......................	747	163	51
Florins de Bade-Dourlack................	740	161	98
Écus de Lubeck et Koptuck, de Hesse-Darmstadt et de Cologne................	733	160	45
Écus de Bareith..........................	729	159	59
Florins de Meckelbourg..................	608	133	10
Piastres de Tunis........................	528	115	59

Certifié conforme, le secrétaire d'état, *signé* HUGUES B. MARET.

Le ministre des finances, *signé* GAUDIN.

OR.

TARIF du Prix auquel doivent être payées au change les Espèces de France antérieures à la refonte ordonnée en 1785, les Espèces étrangères et autres Matières d'or, en conformité de la Loi du 7 Germinal an XI, qui ordonne que les nouvelles Pièces d'or seront fabriquées au titre de neuf cent millièmes, et à la taille de cent cinquante-cinq pièces de vingt francs, et de soixante-dix-sept pièces et demie de quarante francs au kilogramme, et qui fixe la retenue pour Frais de fabrication à neuf francs par kilogramme au titre des nouvelles Espèces.

DÉNOMINATION DES ESPÈCES.	TITRES.	VALEURS.	
	1000	3,434 f	44 c $\frac{444}{1000}$
	999	3,431	01
	998	3,427	58
	997	3,424	14
Sequins de Venise, et sequins soundoukli de Turquie..............................	996	3,520	71
Sequins de Gènes............................	995	3,417	27
	994	3,413	84
Sequins de Florence aux lis................	993	3,410	40
	992	3,406	97
Sequins de Florence à l'effigie............	991	3,403	53
	990	3,400	10
	989	3,396	67
	988	3,393	23
	987	3,389	80
Sequins de Piémont à l'annonciade........	986	3,386	36
	985	3,382	93
Ducats d'Autriche, de Hongrie et de Bohème.	984	3,379	49
	983	3,376	06
Francs à pied et à cheval, et agnelets de France.	982	3,372	62
	981	3,369	19
Ducats de l'empereur, de Hambourg, de Francfort, et ducats fins de Danemarck...	980	3,365	76
	979	3,362	32
Ducats *ad legem imperii* d'Allemagne, de Hollande, et ducats fins de Prusse.............	978	3,358	89
	977	3,355	45
	976	3,352	02

Suite du N.° 9.

DENOMINATION DES ESPÈCES.	TITRES.	VALEURS.	
Sequins de Malte, ducats de Pologne et de Suède	975	3,348f	58c
	974	3,345	15
Ducats à l'aigle déployé de Russie	973	3,341	71
	972	3,338	28
	971	3,334	85
	970	3,331	41
	969	3,327	98
	968	3,324	54
	967	3,321	11
	966	3,317	67
Ducats de Hesse-Darmstadt, et à la croix de Saint-André de Russie	965	3,314	24
	964	3,310	80
	963	3,307	37
	962	3,303	94
	961	3,300	50
	960	3,297	07
	959	3,293	63
	958	3,290	20
	957	3,286	76
	956	3,283	33
	955	3,279	89
	954	3,276	46
	953	3,273	03
	952	3,269	59
	951	3,266	16
	950	3,262	72
	949	3,259	29
	948	3,255	85
	947	3,252	42
	946	3,248	98
	945	3,245	55
Sequins de Rome	944	3,242	12
	943	3,238	68
	942	3,235	25

Suite du N.° 9.

DENOMINATION DES ESPÈCES.	TITRES.	VALEURS.	
	941	3,231 f	81 c
	940	3,228	38
	939	3,224	94
	938	3,221	51
Écus d'or de France..........................	937	3,218	07
	936	3,214	64
	935	3,211	21
	934	3,207	77
	933	3,204	34
	932	3,200	90
	931	3,197	47
	930	3,194	03
	929	3,190	60
	928	3,187	16
	927	3,183	73
	926	3,180	30
	925	3,176	86
	924	3,173	43
	923	3,169	99
	922	3,166	56
	921	3,163	12
	920	3,159	69
	919	3,156	25
	918	3,152	82
	917	3,149	39
	916	3,145	95
Souverains de Flandre et Pays-Bas autrichiens, et impériales de Russie..................	915	3,142	52
Guinées d'Angleterre, portugaises, et millerets de Portugal..........................	914	3,139	08
Pistoles de Genève, de Florence, et riders de Hollande..........................	913	3,135	65
	912	3,132	21
	911	3,128	78
	910	3,125	34
Pistoles d'Espagne, au balancier, aux armes et à l'effigie, avant 1772..................	909	3,121	91

Suite du N.° 9.

DENOMINATION DES ESPÈCES.	TITRES.	VALEURS.	
Pistoles du Mexique; roupies d'or du Mogol..	908	3,118f	48c
	907	3,115	04
Vaisselle d'or marquée de trois poinçons de Paris................................	906	3,111	61
	905	3,108	17
Pièces de France de toutes fabrications avant 1726................................	904	3,104	74
	903	3,101	30
Pistoles d'or de Piémont depuis 1755.......	902	3,097	87
Florins de Brunswick......................	901	3,094	43
	900	3,091	00
	899	3,087	57
Pistoles du Palatinat......................	898	3,084	13
Pistol s du Pérou.........................	897	3,080	70
Pièces de France depuis 1726 jusqu'à 1785....	896	3,877	26
	895	3,073	83
	894	3,070	39
Nouvelles pistoles d'Espagne de la fabrication commencée en 1772......................... (Voir la note à la suite du présent tarif).	893	3,066	96
Pièces à la rose de Florence, et vieilles pistoles de Piémont............................	892	3,063	52
	891	3,060	09
	890	3,056	66
	889	3,053	22
	888	3,049	79
Albertus et écus d'or de Flandre et des Pays-Bas autrichiens...........................	887	3,046	35
	886	3,042	92
	885	3,039	48
	884	3,036	05
	883	3,032	61
	882	3,029	18
	881	3,025	75
	880	3,022	31
	879	3,018	88
	878	3,015	44
	877	3,012	01

Suite du N.° 9.

DENOMINATION DES ESPÈCES.	TITRES	VALEURS.	
	876	3,008f	57c
	875	3,005	14
	874	3 001	70
	873	2,998	27
	872	2,994	84
Ducats courans de Danemarck; onces de Naples, et sequins de Tunis......................	871	2,991	40
	870	2,987	97
	869	2,984	53
	868	2,981	10
	867	2,977	66
	866	2,974	23
	865	2,970	79
	864	2,967	36
	863	2,963	93
	862	2,960	49
	861	2,957	06
	860	2,953	62
	859	2,950	19
	858	2,946	75
	857	2,943	32
	856	2,939	88
	855	2,936	45
	854	2,933	02
	853	2,929	58
	852	2,926	15
	851	2,922	71
	850	2,919	28
	849	2,915	84
	848	2,912	41
	847	2,908	97
	846	2,905	54
	845	2,902	11
	844	2,898	67
	843	2,895	24
	842	2,891	80

Suite du N.° 9.

DENOMINATION DES ESPÈCES.	TITRES.	VALEURS.	
	841	2,888f	37c
Onces de Sicile...........................	840	2,884	93
	839	2,881	50
	838	2,878	06
	837	2,874	63
	836	2,871	20
	835	2,867	76
	834	2,864	33
	833	2,860	89
	832	2,857	46
	831	2,854	02
	830	2,850	59
	829	2,847	15
	828	2,843	72
	827	2,840	29
	826	2,836	85
	825	2,833	42
	824	2,829	98
	823	2,826	55
	822	2,823	11
	821	2,819	68
	820	2,816	24
Zermahbouds de Turquie..................	819	2,812	81
	818	2,809	38
	817	2,805	94
	816	2,802	51
	815	2,799	07
	814	2,795	64
	813	2,792	20
	812	2,788	77
	811	2,785	33
	810	2,781	90
Pagodes d'or des Indes au croissant........	809	2,778	47
	808	2,775	03
	807	2,771	60

Suite du N.° 9.

DENOMINATION DES ESPÈCES.	TITRES.	VALEURS.
	806	2,768f 16c
	805	2,764 73
	804	2,761 29
	803	2,757 86
	802	2,754 42
	801	2,750 99
	800	2,747 56
Pagodes d'or des Indes à l'étoile	798	2,740 69
Florins de Hanovre	777	2,668 56
Florins du Rhin et de Hesse-Darmstadt	772	2,651 39
Florins du Palatinat, de Bavière et d'Anspach	767	2,634 22
Florins de convention, doubles et triples florins	758	2,603 31
Florins de Bade-Dourlach	757	2,599 88
Bijoux d'or marqués de trois poinçons de Paris	750	2,575 83

NOTA. Les quadruples de la fabrication de 1772, portés dans le tarif du 26 Pluviôse an II au titre de huit cent quatre-vingt-treize millièmes, ayant été altérés à l'époque de 1786, on ne saurait les recevoir au change à ce titre. Les personnes qui en présenteront, pourront les faire fondre en leur présence par le directeur; et le titre des lingots qui en proviendront, sera constaté par un des essayeurs des monnaies. Les propriétaires en feront ensuite la remise au change, et l'évaluation en sera faite d'après ce titre : les frais de ces deux opérations seront à leur charge.

Les quadruples fabriqués avant 1785, seront payés conformément au tarif.

A l'égard des monnaies des départemens, le Gouvernement leur indiquera les mesures qu'il conviendra de prendre à ce sujet, lorsque la fabrication de l'or y sera établie.

Dans les pesées d'or inférieures à trois cents grammes, les caissiers seront tenus d'employer un poids de vingt-cinq milligrammes, ou un quart de décigramme (environ un demi-grain, poids de marc).

Certifié conforme : le secrétaire d'état, *signé* HUGUES-B. MARET. Le ministre des finances, *signé* GAUDIN.

BIBLIOTHÈQUE IMPÉR.

TABLE DES MATIÈRES.

Fin de la Table des Matières.

BIBLIOTHÈQUE IMPÉRIALE IMPR.

www.ingramcontent.com/pod-product-compliance
Ingram Content Group UK Ltd.
Pitfield, Milton Keynes, MK11 3LW, UK
UKHW020346180726
13839UKWH00002B/940